I0122872

V

17511

95

DE LA SALUBRITÉ

DES

VILLES DE FRANCE

« De combien de bienfaits un gouvernement éclairé par l'hygiène philosophique ne pourrait-il pas gratifier les hommes ! »

« La cause des fièvres est dans les rues, dans les fossés, dans les caves, dans les puits. Le *Magistrat* doit savoir tout cela, afin d'y remédier. Si les hommes le voulaient bien, ils n'auraient plus de maladies épidémiques. »

Foderé. Paris, an vii (1798).

« Quand les gouvernements respecteront la santé publique autant que le commerce et les conquêtes, la vie de l'homme ne souffrira plus des maladies ; la mort arrivera sans douleur. »

Compte rendu sur l'état sanitaire des indigents. Londres, 1842.

« Toute bonne administration devrait mettre au premier rang l'art de diminuer le prix des engrais liquides par l'exploitation des immondices des villes. »

Dumas, *Chimie.* Paris, 1846.

« En se servant des machines hydrauliques, on peut transporter les engrais liquides au 30e du prix de la main-d'œuvre et des charrettes.

Compte rendu sur l'état sanitaire des indigents. Londres, 1842.

« Les expériences de Boussingault et de Liebig établissent que les engrais liquides sont les plus efficaces et les plus économiques ; appliqués avec les machines, ces engrais enrichiront le sol et fourniront les moyens d'assainir toutes les villes. »

Smith of Deanston, *commissaire du gouvernement.* Londres, 1846.

« Il faut arroser le fumier artificiel avec les égouts des écuries, des cuisines et des eaux d'infection. »

Le Dr Duvergé, *Recueil de la Société d'agriculture de Touraine.* Tours, 1763.

DE LA SALUBRITÉ

DES

VILLES DE FRANCE

PAR RAPPORT

A L'APPROVISIONNEMENT DE BONNE EAU FOURNIE A DOMICILE ET A BAS PRIX

ET A L'EXPLOITATION

DE LA VASE DES ÉGOUTS

COMME ENGRAIS LIQUIDE

PAR UN ANGLAIS

Quand il s'agit de la santé et de la vie du peuple .
tout est pressant.

Circulaire du Ministre provisoire de l'agriculture
et du commerce, aux Préfets des départements,
10 mars 1848.

TOURS

PARIS

J.-B. DUMOULIN, LIBRAIRE

QUAI DES AUGUSTINS, 13

1848

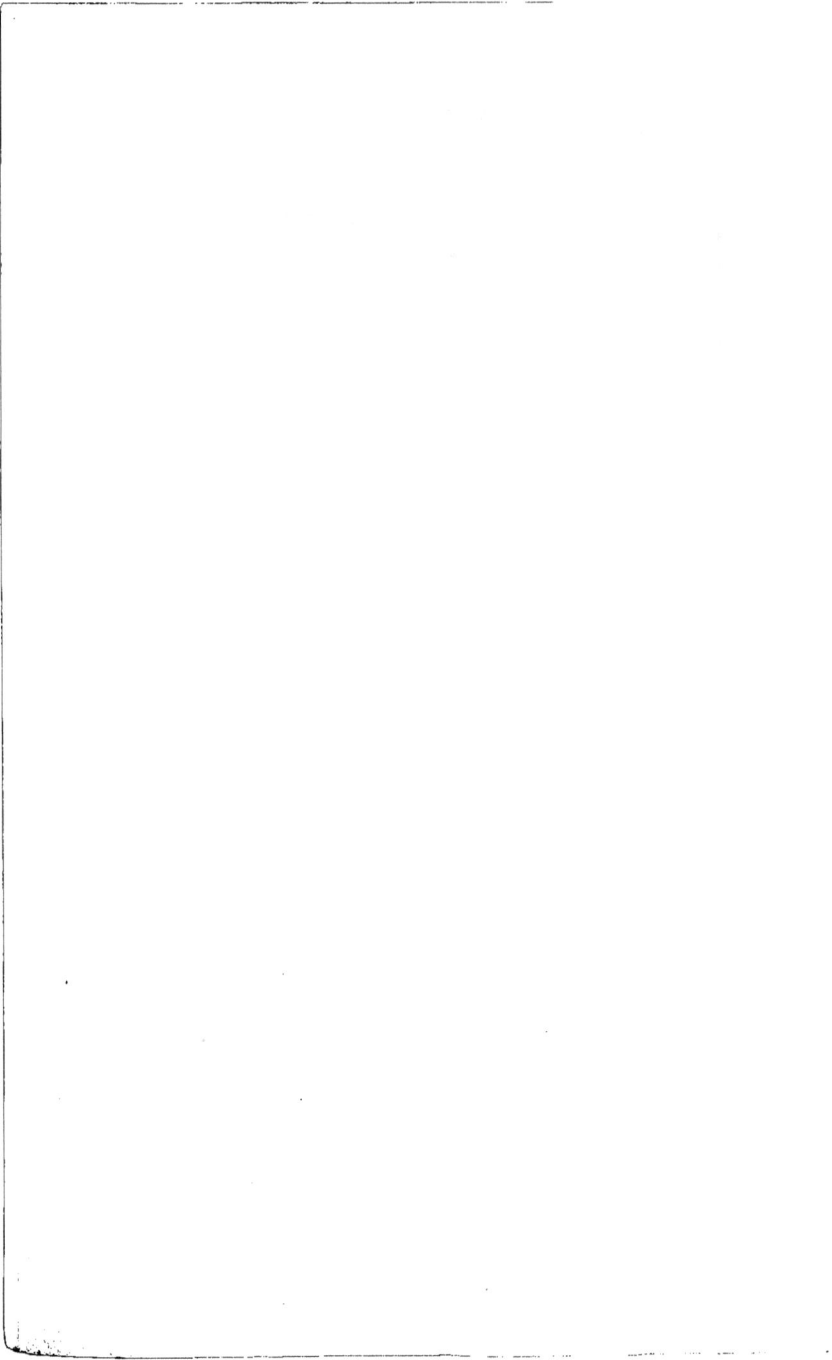

I.

Depuis des siècles il est reconnu, en France, que *le soin de la santé publique est du ressort de l'administration.*

Sans remonter à Dagobert, qui dans l'intérêt du peuple défendait la dégradation des sources d'eau, il suffit de citer à l'appui de cette assertion l'ordonnance de Charles VI, au xive siècle, qui s'étend sur « le grand préjudice des « créatures humaines demeurant à Paris, qui, par l'infection des boues et ordures, « sont encourues en maladies, mortalités et infirmités de corps. » Plus tard le chancelier Seguier et Colbert s'occupèrent avec succès de cette question, et Turgot désinfecta une notable partie de la capitale. Les gouvernements qui se sont succédé depuis ont fait beaucoup dans divers sens pour l'amélioration de la santé publique.

Cependant la salubrité des villes de France ne répond ni à la pureté du climat, ni aux conditions généralement favorables des sites, ni aux progrès de la science. Des chiffres authentiques établissent une mortalité excessive des habitants. Celui de 1 décès sur 39 habitants représente la mortalité annuelle de *tout* le pays ; — ou 1 sur 47 dans les campagnes ; — 1 sur 31 dans les villes ; — 1 sur 32 celle de *toute* la ville de Paris ; — 1 sur 22 celle des plus misérables rues de Paris ; — 1 sur 30 celle de *toute* la ville de Lyon ; donc on peut conclure que les quartiers les moins soignés sont excessivement malsains. Tandis que les enregistrements récents des décès en Angleterre donnent : 1 sur 49 pour les campagnes ; — 1 sur 45 pour les campagnes et les villes ; — 1 sur 40 pour les villes ordinaires ; — 1 sur 38 pour les villes manufacturières ; — et dans un cas exceptionnel et affreux à Londres, le chiffre monte à 1 décès sur 19 habitants. Le contraste est encore plus frappant quand on compare la mortalité des jeunes enfants en France avec celle des enfants étrangers.

Ces décès sont en proportion des maladies qui affaiblissent le peuple français ; et ces maladies, aggravées par le sacrifice du temps et du salaire des malades, et par les dépenses des remèdes, sont devenues de véritables fléaux pour le pays.

Les causes principales de la mortalité des villes en France sont connues. M. Villermé les a constatées dans son analyse de la mortalité de Paris au xive siècle, qui présentait le chiffre affreux de 1 décès sur 22 habitants, par an.

2

« On ne pouvait pas, dit-il, supporter l'horrible puanteur des rues ; tant elles étaient encombrées de boue, de fumier, d'excréments et d'immondices de toutes sortes. »

Voilà des sources de maladie et de mort difficiles certainement à méconnaître, et qui ont décimé la population de Paris, il y a 400 ans, sans distinction de rang, parce que les plus riches étaient alors assujettis, comme les plus pauvres, à ces désastreuses conditions de malpropreté.

Mais toutes les améliorations modernes dans l'hygiène publique laissent beaucoup à désirer « dans les pays les plus riches et les plus avancés en civilisation. » Telle est l'opinion formelle des hommes éminents qui déclarent que les habitants de nombreuses localités vivent « entourés de marais, de cloaques, d'eaux stagnantes, de fosses à fumier, *sans se douter* des dangers qui les menacent. » A ces avis prudents ils en ajoutent d'autres encore plus sages.

« On pouvait, dans beaucoup de cas, prévenir le développement des épidémies par des moyens prophylactiques ; mais pour arriver à ce résultat, que de préjugés, que d'oppositions à surmonter, que d'habitudes à changer, que d'intérêts à froisser, car l'homme spécule aveuglément sur tout ce qui peut l'enrichir, même aux dépens de sa vie. Là, c'est un cloaque infect qu'on veut conserver parce qu'il produit des engrais ; plus loin, ce sont des eaux bourbeuses qui fécondent sans peine la terre ; et puis, quand il s'agit d'obtenir quelques fonds communaux pour améliorer l'état sanitaire des habitants, ce sont des difficultés d'une autre espèce. La commission se borne, en terminant, à faire des vœux pour que l'administration puisse multiplier ses moyens d'assainissement, retremper la constitution et augmenter la longévité des citoyens. Si ce vœu est accompli, peut-être verrons-nous améliorer l'état sanitaire de quelques départements, dont les populations sont tellement dégénérées que les hommes semblent se rapetisser chaque fois qu'ils passent sous le niveau de la conscription, qui les admet au service de l'État, ou les exclut du nombre des défenseurs du pays (1). »

Heureusement une nouvelle science d'hygiène s'est récemment développée pour diminuer le mal, et elle a établi les moyens d'épargner aux moins heureux une grande partie des souffrances ordinaires de la misère.

On trouve l'origine de cette nouvelle science dans les travaux des savants français et étrangers du dernier siècle. Son développement récent est dû à quelques Anglais, nos contemporains, chargés du soin de veiller à l'amélioration de la condition de la classe indigente. Ils ont su profiter des anciennes expériences en France, et dans d'autres pays, pour avancer la salubrité publique. Ils ont apprécié les immenses observations hygiéniques du Parent du Châtelet et des Villermé, et surtout du fait capital que ce n'est pas l'humidité de l'air et l'abondance des eaux qui nuisent à la santé, mais bien la corruption de l'air et les eaux croupissantes. Ils ont perfectionné le système admirable de Turgot, qui assainissait les plus beaux quartiers de Paris, alors infects, par

(1) Rapport de la Commission des épidémies, de l'Académie royale de Médecine, pour 1839 et 1840.

le lavage des égouts. *Ils ont ajouté à ces expériences des idées neuves à l'égard de l'exploitation de la vase comme engrais liquide, par les moyens hydrauliques.* Leur science est en même temps une œuvre médicale, philanthropique et industrielle. Après avoir mis en plein jour l'existence de maladies graves, mais négligées, et dont l'origine était méconnue, cette nouvelle science explique les moyens de les prévenir.

« Des hommes appartenant à différentes professions, mais plus spécialement des membres du corps médical, se sont voués, depuis ces dernières années, à l'étude des théories et des faits sanitaires. Un nombre étonnant de traités et de brochures a été publié sur toutes les matières qui se rattachent à la question ; c'est toute une bibliothèque nouvelle à faire ; et on peut dire qu'il existe déjà *un corps de doctrine* pour une branche si neuve des connaissances humaines. »

Cet éloge mérité de la nouvelle science de salubrité publique se trouve dans les *Études de l'hygiène publique sur l'Angleterre*, par M. Ostrowski, annotées par le docteur Boudin.

De pareils éloges ont été accordés à ces travaux anglais par M. le docteur Monfalcon et M. le docteur de Polinière, dont les noms font autorité à ce sujet. Ils en profitent largement pour perfectionner ce qu'ils appellent aussi *la nouvelle science d'hygiène publique.* Comme leurs devanciers, ils attribuent les épidémies à des causes auxquelles on peut apporter remède.

« Toutes les enquêtes sanitaires, à Londres comme à Paris, ont démontré que les rues et les maisons dans lesquelles éclataient le plus de fièvres graves et autres maladies dangereuses, étaient invariablement les maisons et les rues situées dans le voisinage immédiat d'égouts découverts, de dépôts d'immondices, d'eaux stagnantes, de fosses d'aisances et de latrines mal tenues, en un mot de foyers d'infection formés par des matières organiques végétales ou animales en putréfaction. Ce fait est incontesté. Quand les conditions d'insalubrité sont détruites par l'emploi bien entendu des grands moyens hygiéniques, tels que le dessèchement du sol et l'écoulement des immondices liquides par des égouts couverts, la construction de maisons salubres, la pratique d'un bon système de ventilation, l'effet cesse aussitôt avec la cause. Les maladies endémiques dans le vieux quartier disparaissent, et la mortalité rentre dans ses conditions normales.

« L'insalubrité de l'air atmosphérique est bien autre chose encore dans les vieux quartiers des grandes villes, et spécialement dans ceux qu'habitent les classes inférieures de la population. Ici tous les foyers d'infection sont en permanence ; les plus ordinaires sont un sol imprégné de matières organiques en putréfaction, des fosses d'aisances qui laissent filtrer les liquides des latrines mal fermées et malpropres, des dépôts d'immondices sur tous les points de la voie publique, et les émanations d'égouts découverts. »

Il n'y a pas de pays où cette nouvelle science doive être accueillie avec plus de faveur qu'en France ; le climat se prête singulièrement à son heureuse application, et les usages des habitants acceptent ses conditions.

On peut résumer le but de cette nouvelle science en peu de mots. Elle indique les moyens économiques de nettoyage pour les villes, et même pour les villages ; elle enseigne comment on purifie l'air, comment *on fournit aux habitants une quantité suffisante de bonne eau ; et pour cela, elle nous engage à exploiter les richesses qui sont actuellement perdues dans la vase des fosses et des égouts.* Les avantages de ces opérations ont été éprouvés ; les moyens de les réaliser sont faciles : les capitaux peuvent-être fournis par les populations elles-mêmes.

Dans une ville du Royaume-Uni, *Exeter*, sur une population de 30,000 habitants, il en mourait autrefois 1 sur 19 dans les quartiers bourbeux et pleins de miasmes. Il y a trente ans, un habile médecin conseilla l'assainissement de ces quartiers ; et ensuite on y établissait une mortalité normale de 1 sur 50.

Ce médecin résume toute la question dans les paroles suivantes :

« Quand la ville d'Exeter manquait de bonne eau et de bons égouts, la mortalité des habitants était aussi élevée que celle des pays les plus malsains, quoique son site soit admirable. Elle est aujourd'hui plus salubre que les villes où les précautions sanitaires n'ont pas été prises. Cette amélioration est due à l'abondance de bonne eau et au perfectionnement des égouts. »

Dans d'autres villes, une horrible infection tue même les animaux, dégrade l'espèce humaine, et rend la vie malheureuse. Partout on attribue le mal à l'air corrompu ; *on le diminue par une grande quantité de bonne eau et par l'enlèvement des immondices.* Mais une difficulté grave empêche le progrès à cet égard.

Les villes qui n'ont pas de capitaux à leur disposition, et c'est le plus grand nombre, cèdent à tort ces travaux à des compagnies.

Ce système attend un prochain changement, parce qu'une nouvelle conquête se prépare dans l'exploitation avantageuse de la vase des égouts comme engrais liquide ; et cette amélioration industrielle produira des revenus dépassant toutes les dépenses des travaux sanitaires dirigés par les administrations.

La France est vivement intéressée à adopter de pareils progrès. Elle possède une population urbaine de plus de 5,000,000 d'âmes susceptibles d'en profiter largement. Cette population produit des immondices de toute espèce dont l'exploitation habile élèverait leur valeur au-delà du chiffre énorme de 60,000,000 par an. Leur enlèvement est basé sur une législation erronée qui limite l'utilisation de ces matières à une faible valeur comparative ; et le système actuellement en usage pour leur exploitation en diminue singulièrement les bénéfices aux entrepreneurs de vidange et de curage, et aux compagnies d'engrais. Une exploitation plus habile de ces immondices produirait pour tous un immense accroissement de richesses et une grande salubrité aux habitants des villes.

II.

Dε la salubrité de Tours et des communes environnantes.

Chaque localité offre des moyens spéciaux de succès aux entreprises dont il est question ; partout l'histoire des villes fournit des renseignements précieux au sujet de ces améliorations, et partout un zèle éclairé trouvera des ressources capables d'en assurer la réalisation.

Il n'y a pas de ville plus apte que Tours à être citée à l'appui de ces vues. La nécessité urgente où elle se trouve de l'application de nouveaux procédés d'assainissement, peut être prouvée par un rapprochement facile avec le pays environnant; et depuis longtemps on y a senti le besoin de bonne eau.

Cette ville jouit d'un climat sain. Elle est entourée de petites communes populeuses qui partagent, *sans grands obstacles*, tous les bienfaits de ce climat, et en donnent la preuve par la longue vie moyenne de leurs habitants. Saint-Cyr et Saint-Symphorien sur le côteau du nord, Saint-Avertin sur celui du midi, Saint-Pierre-des-Corps dans la plaine basse de l'est, et Joué, présentent une salubrité toute exceptionnelle. Les décès n'y sont que de 1 sur 50, 48 et 46 habitants qui y naissent; La Riche extrà n'en perd même que 1 sur 37.

La population collective des six communes dépasse 9,000 habitants; et si quelques-uns meurent à l'hospice de Tours, ce qui vient augmenter le nombre des décès dans cette ville, il y a une triste compensation à ce fait dans le nombre des nourrissons de Tours, qui, mourant dans ces six communes, en augmentent les chiffres mortuaires.

Ce n'est pas l'élévation du sol de deux ou trois de ces communes qui en assure la salubrité. Saint-Pierre-des-Corps, entièrement située dans la vallée au-dessous de la Loire, en jouit peut-être à un plus haut degré que les autres. Plus marécageuse que Tours, cette dernière commune est moins encombrée de ces immondices de tout genre qui infectent les eaux des puits et corrompent l'air. Mais La Riche extrà, partageant quelques-uns des avantages de Saint-Pierre-des-Corps, subit l'effet des fosses à ciel ouvert qui y conduisent la vase infecte de la ville sans le mélange convenable d'eau.

En général ces communes sont salubres, parce que l'air n'y est pas corrompu et parce que l'eau y est bonne.

Au contraire, la ville de Tours, depuis 1818 jusqu'à 1847, a été frappée d'une mortalité moyenne de 1 sur 28 habitants par an ; et l'année dernière (1847), cette mortalité était de 1 sur 24.

En 1837, le ministre, surpris de la mortalité des habitants de Tours, qui excéda les naissances, en demanda compte aux autorités; le tableau dressé à la

3

fin de ce chapitre présente des faits bien autrement graves, qu'il est de leur devoir d'approfondir.

Mais ces chiffres ne représentent nullement la mortalité respective des quartiers de Tours, qu'on doit diviser en deux classes, les quartiers soignés et les quartiers négligés. Les premiers sont placés dans des conditions assez favorables, et leur mortalité moyenne est probablement de 1 sur 37; dans les quartiers malsains, on meurt peut-être dans la proportion de 1 sur 19 : mortalité affreuse, qui s'explique par la corruption de l'air et par la mauvaise qualité de l'eau qu'on peut assainir sans difficulté, plutôt que par la misère qui résiste toujours à tous les efforts; mais qu'on espère un jour pouvoir améliorer.

Il est difficile, après les expériences sanitaires de divers pays, de soutenir que cet état de choses soit inévitable. Il est donc du devoir de l'administration d'y apporter remède.

La France offre aussi, dans beaucoup de localités et dans les mêmes conditions, des cas d'assainissement. A Rochefort, par exemple, l'administration a donné des preuves éclatantes de ce que peut l'hygiène pour une telle population. De 1790 jusqu'à 1799, le rapport des décès y était de 1 sur 16 habitants; de 1800 à 1809, de 1 sur 19; mais de 1820 à 1829, de 1 sur 26; de 1830 à 1839, de 1 sur 30; et de 1840 à 1844, de 1 sur 37.

Tous ces chiffres sont soumis au lecteur plutôt comme des approximations que comme la vérité absolue, qui n'a jamais été constatée en Touraine. La statistique médicale de ce pays paraissait rentrer dans le programme du congrès de 1847, sans que cette lacune dans les recherches scientifiques du département ait été remplie *avec tous les détails convenables*.

En l'absence de ce travail, les opinions des médecins les plus capables du pays au xviiie siècle, et celles de leurs savants successeurs, viennent à l'appui du jugement sévère qui résulte de ces chiffres, sur l'état sanitaire d'une grande partie de la ville de Tours.

Non-seulement ces médecins étaient les premiers à signaler le mal; mais ils y ont proposé des remèdes.

Dans le dernier siècle, M. le docteur Duvergé réclama hautement les améliorations sanitaires qui depuis ont été établies en France avant d'être admises dans d'autres pays. En 1774, il publia à ce sujet un volume, et il attribua les fièvres et les autres maladies, « qu'on peut regarder comme endémiques à Tours, » aux mauvaises eaux des puits et à l'air corrompu de la ville. Il conseilla d'en augmenter la salubrité en lui distribuant les eaux de la Loire, en abondance et à bon marché, au moyen d'une machine hydraulique, et il proposa de purifier l'air en couvrant les fosses, en enlevant les immondices, en lavant régulièrement les rues et les égouts.

« Il est évident, dit-il, qu'il n'est pas possible de procurer à Tours un air sec ; mais on pourrait le rendre plus pur en tarissant en partie la source des exhalaisons qui le corrompent. »

La Société médicale d'Indre-et-Loire paraît, dès ses premières années, avoir adopté les opinions de M. Duvergé. Son recueil abonde en observations qui les appuient.

Par exemple, l'extrait suivant du 1er volume de ce recueil pourrait avoir été écrit par lui. La leçon est d'autant plus précieuse, qu'elle est un enseignement donné par la nature dont l'art peut facilement profiter. Elle concerne une grande crue de la Loire, de juin à septembre 1804.

« De messidor à thermidor an XII, la crue de la Loire a été au maximum à 5 mètres 52 centimètres. En fructidor, la plus grande hauteur des eaux a été 1 mètre le 1er du mois, et elles se sont écoulées jusqu'à 19 centimètres les deux derniers jours complémentaires. Après l'inondation, il est resté dans les campagnes voisines de la Loire beaucoup de vase, d'où s'échappèrent des miasmes marécageux. Une averse, commencée le 24, dura deux heures, par un vent d'ouest très-fort ; elle fut suivie d'une pluie qui commença le lendemain, à sept heures du soir, par un vent du sud, et qui continua de tomber abondamment pendant 34 heures, par un vent d'ouest très-violent. *Ces eaux pluviales ont heureusement lavé les bourbes et absorbé une partie des miasmes.* Les vents ont dissipé ceux qui avaient déjà pénétré dans les habitations et nui à la santé de quelques habitants. »

L'heureux effet de la pluie et du vent, en cette occasion, se serait reproduit dans bien des cas analogues, si les moyens existaient pour le lavage des lieux infects.

Le secrétaire de la Société en 1804 était M. le docteur Bouriat, qui pendant de longues années sollicita l'attention du gouvernement sur ce cas, afin de le déterminer à adopter les moyens convenables pour le curage des fosses insalubres.

Plus tard, la même thèse était soutenue avec une grande habileté par M. le docteur Pommier, médecin d'un régiment de cavalerie en garnison à Tours.

Son ouvrage (1), dont il y a vingt ans la Société médicale fit l'éloge, signala les défauts du pays en vrai patriote. Il indiqua des remèdes analogues à ceux de M. Duvergé ; et ses prévisions sur le bien à espérer de changements opérés avec prudence et sur les dangers d'une négligence prolongée, ont été réalisées à la lettre.

En 1832, la marche du choléra-morbus confirma la sagesse de ces opinions. A Tours, comme partout, les quartiers malsains étaient les premiers attaqués par le fléau, ceux où l'on souffrait le plus. La Société médicale d'Indre-et-

(1) Notice sur la Topographie médicale de Tours, 1826.

Loire fit des enquêtes à cette occasion, et proposa un bon système pour l'assainissement *permanent* de la ville. Ce système est basé sur les principes qu'a émis M. le docteur Duvergé.

Pendant les seize années qui se sont écoulées depuis 1832, de grandes améliorations ont eu lieu dans diverses localités de la ville. Toutes ces améliorations et leurs résultats justifient pleinement les principes de la nouvelle science d'hygiène publique, dont on trouve des traces bien marquées dans les travaux de savants médecins de la Touraine.

Pénétrée de ces idées, la Société a accordé son approbation aux efforts faits récemment pour l'adoption d'un projet qui a pour but de donner à Tours, de bonne eau à domicile, et à très-bas prix. Dans un mémoire justificatif de ce projet, elle déclare qu'à Tours :

« Les rues sales, si elles manquent d'eau suffisante pour les nettoyer, deviennent de véritables foyers d'infection, à cause des émanations putrides qui s'y développent et y séjournent ; aussi les maladies y sont-elles plus fréquentes et plus nombreuses. »

Le projet, dont cette Société éclairée approuve le but, vient d'être soumis par les autorités du pays à des études officielles. Il a été mûri, après l'examen de nombreux renseignements sur diverses branches du sujet, conservés dans les archives de Tours. Non-seulement ce projet se rattache à une amélioration hygiénique, mais il assure d'autres progrès : la commodité des industries et de la vie privée, l'embellissement des places publiques et des jardins particuliers, l'alimentation facile des bains, et une assurance efficace et économique contre les incendies. Tous ces objets tiennent en premier lieu à un approvisionnement abondant de bonne eau, à bas prix ; et l'agriculture, l'hydraulique, l'économie sociale et l'hygiène publique se prêtent des secours mutuels pour la réalisation de cette réforme. L'œuvre de bienfaisance sera couronnée par de beaux et d'utiles travaux d'art (1).

(1) Il y a trois siècles, les habitants de Tours dotaient leur ville de fontaines dont la longue et utile durée atteste le mérite ; mais elles sont usées et insuffisantes maintenant. Des hommes de tous les rangs contribuèrent avec zèle à la construction de ces fontaines. Non-seulement le malheureux Semblançay, père de l'archevêque de Tours, contribua à cette œuvre ; mais Martin, menuisier, parvint à vaincre la plus grande difficulté, le facile écoulement de l'eau par un nouveau procédé du *vide*, qui a coûté 50 sous à la ville. Certainement le même succès répondrait aujourd'hui à des efforts semblables. Une nouvelle ressource pécuniaire appuiera ces efforts par l'exploitation de la *vase* des égouts et des fosses de Tours. Mais, perdue pour le sol environnant, cette vase ne sert qu'à infecter la ville : son enlèvement assainira les rues et les maisons, et enrichira les alentours.

Des antécédents établissent les moyens par lesquels on peut atteindre facilement et complètement le but du système hydraulique proposé à Tours. Des cotisations annuelles de 6 à 25 fr. donneront l'eau filtrée de la Loire à chaque ménage ; et à chaque industrie, à des taux proportionnés à leur consommation. Ce sont des sources de revenu suffisantes pour assurer le succès de l'entreprise.

TABLEAU COMPARATIF DE LA POPULATION, DES NAISSANCES ET DE LA MORTALITÉ
DE LA VILLE DE TOURS ET DE TROIS COMMUNES VOISINES.

ANNÉES.	TOURS.				St.-CYR.				St.-SYMPHORIEN.				St.-PIERRE-DES-C.			
	Population.	Naissances.	Décès.	Décès au-dessous de 2 ans.	Population.	Naissances.	Décès.	Décès au-dessous de 2 ans.	Population.	Naissances.	Décès.	Décès au-dessous de 2 ans.	Population.	Naissances.	Décès.	Décès au-dessous de 2 ans.
1840	28694	905	893	253	1620	27	37	10	1795	47	40	12	965	17	22	5
1841		876	967	392		34	33	15		30	59	28		25	25	7
1842		926	940	263		32	41	16		51	46	23		19	24	7
1843		945	922	234		27	29	8		34	45	12		15	20	3
1844		912	845	208		36	33	7		59	46	24		17	25	3
1845	30072	995	903	252		25	28	9		41	56	25		37	33	12
1846		1055	1126	286	1862	28	50	18	2050	61	60	25	1060	23	19	5
1847		978	1358	287		27	53	18		50	63	25		18	24	6
		7552	7956	2175		236	306	101		373	415	174		171	192	48

Ce tableau établit une mortalité, dans les quartiers négligés de Tours, qui excède celle de Paris au moyen âge, et celle des quartiers de Paris les plus malheureux de nos jours. Abstraction faite des enfants de la ville, décédés dans les communes voisines, on peut évaluer les jeunes victimes enlevées par suite de la négligence au double du nombre des enfants décédés à Genève, par exemple, et dans les localités favorisées de l'Angleterre.

L'accroissement de la population de Tours, de 28,694 en 1841 à 30,072 en 1846, est dû en grande partie à la réunion de St-Étienne extrà à la ville.

L'état des rues, la géologie de Tours, comparés avec la répartition des décès, expliquent cette immense mortalité. Pour 200 rues, places, etc., sur une superficie de 130,000 mètres carrés au moins, il n'y a que 8,648 mètres en longueur d'égouts, y compris les fossés de ceinture ; et sur ces 8,648 mètres, 4,870 sont à ciel ouvert. La grande masse des rues reçoivent toutes les immondices des maisons. Ni les rues, ni les égouts ne sont suffisamment lavés. Dans les fossés de ceinture on trouve environ 25,000 hectolitres de vase solide. La coupe géologique présente sur les bords de la Loire un bassin profond, mais variable, qui est rempli d'une vaste éponge de limon d'alluvion et des immondices urbaines de 2,000 ans.

Nécessairement ces conditions territoriales, dans une ville d'où les eaux infectes ne sont pas enlevées ni les rues lavées, doivent être les causes de fréquentes maladies et d'une mortalité excessive.

III

Les meilleurs moyens d'améliorer la salubrité de Tours.

« L'influence exercée par les hommes sur le sol des cités, » par exemple de Paris et d'Angers, a été examinée récemment à l'Académie des sciences ;

4

et on y a jugé en effet des moyens d'améliorer la salubrité de Tours. A cette occasion, M. Chevreul, professeur de chimie au Jardin des Plantes, déclara « avoir constaté que partout où il existe des sulfates alcalins et certaines matières organiques au sein d'une eau privée du contact de l'air, il y a formation d'un sulfure qui explique l'infection des eaux. De l'altérabilité des matières organiques et de leur accumulation dans le sol des cités populeuses, il a déduit la cause de l'insalubrité, et même de l'infection que ce sol et les eaux des puits peuvent manifester au bout d'un certain temps, lorsque, le terrain étant perméable, il n'est pas dans la position d'être incessamment lavé *per descensum*. D'après cela les restes des animaux enfouis dans la terre, les matières qui s'échappent des fosses d'aisances, les matières organiques qui de nos demeures pénètrent dans le sol, voilà l'origine des matières organiques altérables qui tendent à porter l'infection dans les couches terrestres où elles pénètrent. Entre autres moyens à employer pour assurer la salubrité des villes, M. Chevreul insiste sur le *lavage incessant des rues*. » (*Compte rendu de l'Académie des sciences*, 16 novembre 1846.)

Mais, il y a 70 ans, M. le docteur Duvergé, savant si digne d'être tiré de l'oubli, signala à Tours le même remède contre les *exhalaisons alcalines et putrides* qui, dit-il, existent dans l'air; et l'air, par cette raison, devient le véhicule d'une infinité de maladies également fréquentes et dangereuses. Il conseilla de faire creuser un fossé profond à une distance peu éloignée de la ville, au-delà du mail, qui recevrait toutes ses eaux et ses immondices. Les vapeurs, ajoute-t-il, qui pourraient s'élever de cette fosse, seraient dissipées par un courant d'eau prise dans la Loire, à Saint-Pierre-des-Corps, au moyen d'une machine hydraulique.

« Enfin, dit-il, dans le temps de sécheresse où la formation du limon produit des exhalaisons si dangereuses, on pourrait, par le moyen de la machine, lâcher une quantité d'eau qui, après avoir rafraîchi les rues de la ville, irait laver les fosses et détruire tout ce qui serait capable d'infecter l'air. »

Ces sages conseils étaient négligés. Cependant tous les changements qui ont eu lieu à Tours depuis près d'un siècle en établissent la gravité. Des milliers d'habitants ont été sacrifiés à ces foyers d'infection, d'où les vastes égouts, construits à grands frais, conduisent les miasmes souterrains dans chaque habitation, surtout des quartiers mal soignés.

Le grand remède reste toujours à recevoir son application ; c'est-à-dire le lavage journalier des rues et des égouts, et l'utilisation de la vase.

Des machines supérieures à celle de M. Duvergé faciliteraient les travaux. Le trop-plein des puits artésiens de l'hospice et ailleurs suffirait pour ce lavage à un très-bas prix.

Des perfectionnements de construction rendront le nettoyage facile et peu dispendieux de toutes les immondices. L'exploitation de la vase comme engrais liquide fournirait des ressources autrefois inconnues.

IV

Engrais liquides.

Les améliorations hygiéniques se lient en effet à un progrès industriel d'une immense portée.

« Les récentes découvertes de MM. Liebig et Boussingault ont mis hors de doute les grandes ressources que l'agriculture peut trouver dans les résidus provenant des villes. L'analyse des matières contenues dans la fange à demi liquide des égouts a indiqué la présence d'une riche proportion de phosphates et de sels ammoniacaux qui prennent une si grande part dans l'alimentation des plantes. On a évalué à 2,402 kilog. le poids des substances salines enlevées à une superficie de terre cultivée de 40 hectares pour une récolte ordinaire. On sait que le succès d'une fumure qui remplace cette perte dépend beaucoup du hasard qui la fait suivre d'une pluie abondante, et que les engrais les plus énergiques ne peuvent exciter la fécondité du sol dans les grandes sécheresses. *Il y a donc avantage à administrer les engrais sous forme liquide;* et par une heureuse coïncidence, il se trouve que ce mode est incomparablement moins coûteux que le mode généralement usité. Les frais de transport c onstituent presque la totalité du prix de l'engrais solide : une charretée coûte sur place 1 fr. 15 cent. à 2 fr. 30 cent., et portée sur un champ, à quelques mille mètres de la ville, revient à 11 fr. 50 cent.; mais les frais du transport de l'eau à une distance de 10 kilomètres, et à une hauteur de 60 mètres, reviennent à 23 cent. par 13 hectolitres, y compris l'usure de la pompe à feu, le combustible, l'intérêt du capital consacré à l'établissement des tuyaux, machines et réservoirs. Les frais du transport de cette eau à la même distance coûteraient vingt fois autant. Il s'agit donc de réduire le prix de l'engrais à sa valeur intrinsèque, qui en argent est presque nulle, en diminuant les frais de transport 95 ou au moins de 90 pour °/o, et d'en livrer à l'agriculture des quantités beaucoup plus considérables et à bien meilleur marché qu'on n'a fait jusqu'à ce jour. Au lieu de jeter dans les rivières ou dans les fosses les engrais élaborés dans les villes, qu'on les dirige sur les campagnes environnantes sous forme liquide et en des quantités vingt fois plus fortes qu'aujourd'hui, on double par là les rendements, puisqu'il est prouvé que cela est possible (1). »

Des faits de cette nature ont depuis peu de temps engagé M. Dumas à appeler très-sérieusement l'attention des administrateurs sur ce sujet; mais les cultivateurs de la Touraine ont approuvé ces principes à la suite de longues expériences. Il n'est pas sans intérêt de dire qu'on trouve dans les archives agronomiques du département non-seulement des traces de ces heureuses

(1) Annales d'hygiène publique, 1848, p. 28.

expériences, mais aussi des opinions analogues, dans les écrits d'un homme du pays, déjà cité dans ce mémoire avec le respect qui lui est dû. C'est toujours M. le docteur Duvergé, dont les connaissances variées sont dignes des plus hauts éloges. Dans un discours à la Société d'agriculture, en 1761, après avoir exposé une analyse fort curieuse des terres de la Touraine, il dit :

« Cette analyse donne, 1° une certaine quantité de terre très-fine, *capable de nager* dans le liquide, qui est la même que celle qui s'échappe dans l'atmosphère par les exhalaisons et les vapeurs de la terre, et qui, dans la végétation, s'introduit et chemine dans les vaisseaux absorbants des plantes ; 2° une plus grande quantité de terre, dont la nature est plus pesante, et qui tombe au fond du vase ; 3° beaucoup plus de sable que d'autres matières ; 4° et enfin des sels marins, mineux, acides ou neutres. Ce sont ces différents sels qui font le principe de la végétation. »

Dans le même discours, M. le docteur Duvergé touche la question d'irrigation, soit « par la continuité du cours des sources d'eau, soit par des réservoirs « pratiqués à propos. »

Il conseille, comme la ressource la plus efficace pour l'agriculture, l'amélioration des terres déjà cultivées et la formation de prairies susceptibles d'être arrosées.

Enfin il veut qu'on se serve des *eaux infectes des égouts* pour enrichir le fumier, et qu'on empêche que ces mauvaises eaux ne prennent leur cours dans les étangs destinés à la boisson des animaux, qu'elles exposeraient aux maladies.

Ce sont là les vues identiques des physiciens les plus éclairés de notre temps, et que les compatriotes de Duvergé, dans leur propre intérêt, doivent adopter.

On accuse les médecins français de négliger (1) aujourd'hui l'hygiène publique. Ce reproche n'atteint pas ceux de Tours ; mais le meilleur moyen de manifester leur zèle pour une si belle cause serait de réclamer en faveur de leur prédécesseur (2) la gloire qui lui est due, comme le premier écrivain peut-être qui ait traité ce sujet.

Le monument le plus digne du docteur Duvergé serait l'adoption de ses vues agricoles et de son système pour approvisionner Tours d'eau de la Loire, avec les perfectionnements plus récemment obtenus par la science.

Le ministre de l'agriculture et du commerce vient de donner un grand encouragement à de pareilles entreprises, par l'appui qu'il a accordé au *travail complet* que l'Académie de médecine élabore maintenant sur les eaux stagnantes.

(1) Annales d'Hygiène publique, 1847, tome XXXVII, page 475.

(2) Les écrits de Duvergé ont été conservés par M. le docteur Hulin et d'autres savants, et copiés en partie et commentés par feu le docteur Origet. Les exemplaires en paraissent rares. M. le professeur Brame les a favorablement jugés dans ses leçons de chimie. La Société d'agriculture d'Indre-et-Loire en possède en manuscrit au moins un qui est précieux. Quelques-uns de ses discours se trouvent dans le recueil de la Société de 1761.

« On ne peut attendre, dit le ministre, que d'utiles résultats d'une question si importante au double point de vue de la santé publique et du progrès de l'agriculture. »

Les moyens proposés de se servir de la vase des égouts comme liquides, ne sont pas compliqués.

D'abord on rétrécit les égouts, et ils sont tous couverts. Ensuite on lave ces égouts régulièrement *tous les jours*, avec beaucoup d'eau, et on enlève cette matière liquide dans une succession de réservoirs placés à une certaine distance de la ville. Arrivée dans le premier réservoir, elle perd une masse de sédiment. Dans le dernier réservoir, elle est claire et encore enrichie de sels. De là on la distribue dans des tuyaux d'embranchement, pour l'arrosage des jardins et des champs. Son prix de revient pour le cultivateur est estimé à moins de 30 fr. l'hectare, à raison de 10,000 litres du meilleur engrais possible par hectare. La distribution de cet engrais liquide par des machines ou des tuyaux de conduite à un très-bas prix, offre aussi l'avantage d'empêcher l'arrivée des charrettes et des chevaux sur le sol humide, sur le blé ou sur les prairies. On évalue 80,000 litres de cet engrais liquide comme équivalant à 150 kilogrammes de guano ou à 200 hectolitres de fumier ordinaire. On trouve que l'herbe pousse si vite avec cet engrais, qu'on peut la couper six fois par an.

En effet, la valeur des engrais liquides que produiraient les villes de France par un bon système d'enlèvement de leurs immondices et de leurs eaux infectes est immense. En Flandre, on estime une pareille valeur au chiffre énorme de 25 fr. par individu. A Milan et dans d'autres villes de l'Italie, on en profite communément. A Édimbourg en Écosse, et dans plusieurs villes de l'Angleterre, on a décuplé les récoltes des environs en utilisant ces matières sous *forme liquide*.

« Le volume des eaux versées par les égouts dans la Tamise est à Londres de 325,755 mètres cubes par jour, ou 228,065,280 litres. En admettant que chaque litre de ces eaux impures ne contienne que 1 gramme de substances salines, on trouve que le produit annuel des égouts de Londres suffirait pour fertiliser 851,517 hectares de terre cultivée ; ce qui revient à dire qu'en moyenne une ville peut fournir un engrais suffisant presque pour autant de demi-hectares de terre qu'elle contient d'habitants (1). »

Le bénéfice net à percevoir d'après ce système est calculé à 5 fr. par tête.

A Tours, et dans d'autres villes de France, les conditions sont les mêmes que celles-là : et la prudence de leurs administrateurs et le bon sens de leurs habitants sont assurément capables d'en profiter.

Ce sont ces faits qui ont déterminé les opinions de M. Dumas, de M. Boussingault et d'autres hommes éclairés par la plus haute science, en faveur du système d'engrais liquides ; et ces faits auront leur juste appréciation au

1 Annales d'hygiène publique, 1847, p. 27.

moment où « les travaux de défrichement, ceux de desséchement des marais, les irrigations, la recherche, la préparation, l'emploi des substances fertilisantes, l'extension des cultures fourragères, en un mot tous les grands intérêts de l'agriculture, seront éclairés, dirigés avec zèle, » selon la déclaration solennelle et récente du ministre de l'agriculture et du commerce (1).

Partout on s'efforce d'augmenter les récoltes. Il n'y a pas de moyen plus efficace pour assurer cette augmentation, que le perfectionnement du nouveau système d'engrais liquide. Cette exploitation des immondices des villes s'étendra dans un rayon indéfini à leurs alentours. Le grand bien opéré par le système actuel de *vidange* ne préjudiciera pas à l'amélioration qu'offre la nouvelle science. Il est facile de concilier les deux systèmes, dont la fusion produira des résultats que les vidangeurs et les compagnies d'engrais apprécieront également. Ce serait là le perfectionnement *à peu de frais* des systèmes flamand et de Jauffret.

V

Des eaux de Tours. — Divers systèmes de son approvisionnement d'eau de la Loire. — Puits artésiens. — Tarif des prix. — Revenus probables.

Les sources de St-Avertin, qui alimentent Tours de son eau potable et ménagère, ne suffisent pas aux besoins des habitants ; car les fontaines ne donnent plus par jour que 15 litres par tête, au lieu de la quantité nécessaire de 50 litres.

L'eau de la Loire se vend cher. Il y a telle maison où on la paie le double du prix fixé par notre tarif.

« Les eaux des puits à Tours ont en général un goût fade et désagréable. Leur surface se couvre, quelque temps après qu'elles sont tirées, d'une pellicule visqueuse. Les vaisseaux dans lesquels on les dépose se chargent d'un limon bourbeux. On ne doit les employer à la fabrique du pain que dans le cas de disette d'eau de rivière, de même que pour cuire les légumes et pour le savonnage. »

Ce sont les paroles de M. le docteur Duvergé, qui s'appliquent peut-être à 2,000 puits de la ville remplis de matières infectes. Un système complet d'égouts et de nettoyage aurait pour résultat éventuel l'abandon de tous ces puits.

L'eau de la Loire a d'excellentes conditions pour tous les usages domestiques et industriels. Son influence fertilisante est expliquée par la grande quantité de *silicate de potasse* qu'elle contient, d'après l'analyse de M. Beville, doyen de la faculté des sciences de Besançon, qui ajoute qu'il a rencontré partout les *nitrates* dans l'eau commune, excepté dans celle de la Loire (2).

(1) *Moniteur*, 19 mai 1848.
(2) Séance de l'Académie des Sciences, 15 avril 1847.

Plusieurs systèmes ont été proposés pour utiliser les eaux de la Loire, à Tours.

On peut les prendre, comme l'a proposé M. Duvergé, à St-Pierre-des-Corps, et les faire distribuer seulement au rez-de-chaussée. Ce système, récemment repris, aurait peut-être l'avantage de l'économie. Il permettrait certainement d'assainir la ville, et de fournir de bonne eau, à bas prix, à un grand nombre de familles.

Un autre système, et c'est selon nous le meilleur de tous, serait celui qui placerait les réservoirs sur le coteau de la Tranchée; il permettrait l'alimentation de tous les ménages, à chaque étage, d'eau à bas prix. Le service en serait plus régulier, et il offrirait une assurance très-peu coûteuse contre les incendies. Avec ce système on embellirait facilement la ville, et on fournirait avec abondance l'eau nécessaire aux habitants du coteau du nord jusqu'à St-Cyr et Ste-Radégonde. Il permettrait aussi l'utilisation des immondices et du *résidu de l'amidon, comme engrais liquides.* Si ce système était d'abord plus coûteux que le premier, par compensation son adoption serait suivie d'un plus grand nombre de concessions et d'autres avantages.

Un troisième système est basé sur trois beaux puits artésiens qui coulent abondamment depuis bien des années : ce sont ceux de l'hospice, de la place d'Aumont et de la barrière St-Éloi. Le premier donne par jour au moins 900,000 litres, dont 50,000 seulement sont consommés pour les usages de l'hospice. L'eau de ce premier puits s'élève à 3 mètres au-dessus du sol, et il ne lui faut qu'une surélévation artificielle de 2 mètres pour franchir la place de la mairie, d'où l'on nettoyerait facilement et sans relâche toutes les rues et tous les égouts à peu de frais, *et en quelques semaines.*

Il ne serait pas difficile de combiner la distribution de cette eau avec le dessèchement complet des alentours de la ville, et avec l'exploitation de ses égouts comme engrais liquides ; surtout si en même temps les écluses près du canal de Berry étaient utilisées pour le lavage de la fosse de ceinture.

L'analyse faite par M. Delaunay d'un litre d'eau du puits artésien de M. Champoiseau, donne 3,420 grains de carbonate de chaux, 1,767 d'hydrochlorate de soude, 0,494 d'oxyde de fer, 0,323 de glairine, 0,247 de silice, 0,17 de sulfate de soude, 0,176 d'alumine, et quelques traces de magnésie (1).

Le tarif des prix des concessions d'eau est basé ainsi qu'il suit :

1° De six à vingt-cinq francs par an, pour chaque ménage, selon le loyer, pour un ou plusieurs robinets et tuyaux établis et entretenus par l'administration. La quantité d'eau à prendre serait calculée à raison de 50 litres par

(1) Annales de la Société d'agriculture d'Indre-et-Loire, 1834, page 214.

tête, par jour, pour tous les usages ; mais la jouissance n'en serait pas surveillée ni interrompue. Les tuyaux seraient toujours pleins d'eau.

2° Cinq francs par an pour une écurie et un cheval, et trois francs pour chacun des autres chevaux. Les écuries et les chevaux des auberges sont à moitié prix.

3° Deux francs pour une vache.

4° Six francs pour un bureau.

5° Trois francs pour un petit jardin.

6° Douze francs pour les bains d'un particulier.

7° Douze à vingt-cinq francs pour des lieux d'aisances.

8° Huit francs le nettoyage de la façade d'une maison, deux fois par mois.

9° Onze francs par cheval pour les chaudières des machines à vapeur à haute pression, dix heures par jour.

10° Six à quinze francs pour une boulangerie.

11° Dix centimes le mètre carré à chaque étage, pour la construction des nouvelles maisons.

12° Trois centimes le mètre carré pour le service de la construction des murs.

13° Dix francs par an pour chaque individu aux bureaux de bienfaisance et aux pensionnats, avec bains et lavoirs.

14° Cent vingt-cinq francs les tuyaux d'un demi-pouce pour les teinturiers et autres industriels.

Les revenus probables à Tours pour des concessions d'eau, n'ont pas encore été établis par des demandes de porte en porte ; mais la base d'un calcul approximatif existe depuis longtemps dans la ville. C'est le désir général d'obtenir des concessions semblables à celles qui dépendent des fontaines de Saint-Avertin, qu'on paie vingt francs par an sous la condition de poser et d'entretenir les tuyaux d'embranchement. Nous proposons d'en faire tous les frais pour vingt-cinq francs par an.

Il a été constaté que la teinturerie, la boulangerie, le jardinage et autres exploitations, ont un grand besoin de bonne eau à des prix modérés.

Un autre avantage résultant d'une abondante provision d'eau dans les rues est vivement apprécié ; c'est le lavage du devant des maisons, qui peut se faire à raison de dix centimes par mois pour chaque maison.

Ces diverses sources de produit pourraient rapporter dans la première année soixante-trois mille six cents francs, c'est-à-dire : dix mille francs pour quatre cents maisons, à vingt-cinq francs par an ; vingt-quatre mille francs pour deux mille maisons, au prix moyen de douze francs ; six mille francs pour mille petits ménages ; trois mille six cents francs pour le lavage du devant

de trois mille maisons, à dix centimes par mois par chaque maison ; dix mille
francs pour les diverses industries, compris les chemins de fer ; et dix mille
francs par la ville et l'État, pour le service public.

Ce calcul est basé sur l'adhésion supposée de la moitié seulement des habitants dès le commencement, ou sur trois mille quatre cents familles des sept
mille cinq cents feux de Tours. Il est certain que les autres s'empresseraient
de demander des concessions dans le cas où le système serait approuvé.

VI

Capital. — Emprunts.

Ces revenus probables assurent à l'entreprise les moyens de trouver des
capitaux par des emprunts.

Les terrains, la construction des réservoirs et du château d'eau, les tuyaux
en fonte, en poterie, en plomb et autres matières, les machines hydrauliques,
la main-d'œuvre et les frais d'administration, nécessiteraient un capital de
450,000 fr. pour la réalisation du meilleur système, et 300,000 fr. pour un
système quelconque d'approvisionnement d'eau de la Loire à Tours.

On propose d'emprunter en partie ce capital, et de le prendre en partie chez
les entrepreneurs des divers travaux.

Une somme de 50,000 fr. suffirait pour les premiers travaux, qui seraient
ceux des réservoirs et qui donneraient de l'occupation à un certain nombre
d'ouvriers. On espère que les habitants de Tours seraient disposés à fournir
cette somme à 5 pour 0/0, si les autorités municipales *administraient* l'entreprise.

Cette espérance est fondée sur les considérations suivantes :

1° La grande commodité des concessions de bonne eau, à bas prix, à volonté
et à domicile, fait croire que non-seulement la plupart des habitants s'inscriraient
comme concessionnaires, sous la condition usuelle de payer les prix annuels du
tarif ; mais aussi que quelques-uns d'entr'eux seraient en même temps prêts à
soutenir l'entreprise par des avances de fonds proportionnées à une partie de
leurs payements annuels. Le classement des habitants selon leur fortune, d'après
les logements militaires, offre une base assez exacte pour pouvoir calculer leurs
chances de participation. Ce calcul est présenté dans le tableau suivant, qui
contient en outre le tarif des prix des concessions et le nombre supposé des
premiers concessionnaires. Ce calcul, fait sur un pied moins favorable que

6

celui de nos propres chiffres, est justifié par les contributions frappées depuis peu de jours en faveur des ouvriers, basées sur les payements de 150 fr., 95 fr., 45 fr., et 15 fr., pour les contribuables des 1ʳᵉ, 2ᵉ, 3ᵉ et 4ᵉ classes. Nous comptons en outre les 5ᵉ et 6ᵉ classes. Il est certain aussi qu'une grande partie des 3,000 à 4,000 familles qui ne figurent pas dans les 6 classes demanderait de l'eau à domicile, et il est probable qu'un nombre considérable de ces familles contribuerait aux avances de fonds en proportion des payements annuels, quand il serait généralement reconnu que de telles avances sont nécessaires au succès d'une entreprise à laquelle elles sont vivement intéressées.

Tableau basé sur la répartition de 2,740 familles de Tours en 6 classes, servant à déterminer leur contribution au logement militaire, selon leur fortune.

CLASSES.	NOMBRE des familles	TARIF pour les eaux.	NOMBRE probable des concessions.	PAYEMENTS annuels par classe.	AVANCES DE FONDS espérées par classes.
1ʳᵉ	150	25 fr.	100	2500 fr.	15000 — 100 × 150 fr. chaque.
2ᵉ	180	18	150	2700	13500 — 150 × 90
3ᵉ	280	12	200	2400	9000 — 200 × 45
4ᵉ	450	10	350	3500	7000 — 350 × 20
5ᵉ	680	8	530	4400	6600 — 550 × 12
6ᵉ	1000	6	880	5280	6160 — 880 × 7
	2740		2230	20780	57460 fr. par emprunt.

2° Les industries de Tours manquent de bonne eau. Les chaudières des machines à feu en ont besoin; et l'on peut compter sur une vive sympathie de la part des compagnies d'assurance en faveur de cette entreprise.

3° Ensuite l'administration de la ville doit sentir l'utilité d'une entreprise qui offre aux ouvriers inoccupés des travaux dont la réalisation assurera aux habitants de toutes les classes des bienfaits qu'on ne saurait trop apprécier.

4° Sous l'influence de motifs également puissants, les propriétaires du sol environnant seraient prêts à appuyer l'exploitation facile de la vase des égouts, afin d'augmenter la valeur de leurs fermes et de leurs jardins. On peut croire que pour s'assurer cet avantage ils s'engageraient à acheter à bas prix les engrais liquides provenant de cette vase, et même qu'ils feraient les avances de quelques fonds pour donner de l'élan à une entreprise susceptible d'assurer ce bas prix.

5° On peut aussi compter avec certitude sur un nombre quelconque de personnes qui seraient satisfaites de placer de l'argent dans une spéculation sûre, à cinq pour cent.

6° D'autres individus en outre prêteraient leur argent pour cette œuvre de bienfaisance, sans autre motif.

Les capitaux obtenus de ces sources payeraient la confection des réservoirs et le salaire des ouvriers des entrepreneurs.

La base financière du projet est en quelque sorte nouvelle. On veut réduire les payements annuels au plus bas chiffre possible. Dans ce but on les abaisse en proportion de la durée des machines et des travaux, sans la nécessité de réparations dispendieuses. Ce principe permettrait d'établir un petit fonds d'amortissement pour une série de trente ans au lieu de vingt.

La garantie de l'administration pour toutes les opérations proposées a paru être la seule base possible de leur succès, surtout quant aux emprunts.

Avec cette garantie on a l'assurance que les capitaux ne manqueront pas au projet, et que les entrepreneurs s'empresseront de l'appuyer.

———————

Ces divers renseignements sont offerts aux habitants de Tours, plutôt dans l'espérance de pouvoir engager des hommes spéciaux du pays à faire une étude approfondie de son hygiène publique, qu'avec la prétention d'en avoir satisfait les exigences par une simple esquisse. L'histoire des vicissitudes de sa population depuis deux siècles est un sujet de grand intérêt sous divers points de vue; mais elle tient essentiellement aux considérations hygiéniques. Cette histoire dépasse nos limites et nos forces: heureux si cet essai pouvait déterminer des tentatives plus utiles.

> . . . . . . Fungar vice cotis, acutum
> Reddere quæ ferrum valet, exsors ipsa secandi.

Déjà le sujet industriel dont il est question dans ce mémoire a le mérite d'avoir produit « le tracé mathématique du sol (de Tours) avec ses pentes, « et le détail de toutes les entrées d'eau et les trappes de service. Ce tracé « était indispensable tant pour apprécier le parti qu'on pouvait tirer « des voies souterraines d'écoulement, que pour projeter avec certitude les « branchements à greffer sur les anciennes lignes d'égouts, et les nouveaux « égouts dont il fallait doter la ville pour assainir chaque quartier avec un « minimum de dépense. » L'importance de ce travail sera sentie si l'on réfléchit que ce n'est qu'en 1833 que l'habile ingénieur Emmery a exécuté un pareil travail pour Paris, et qu'il n'existait pas à Londres avant 1848.

Jusqu'à ce jour des dépenses considérables et souvent inutiles ont été faites pour la construction d'énormes égouts, parce qu'on ignorait les pentes de presque toutes les villes. C'est un heureux résultat de la science que de pouvoir désormais éviter ces frais infructueux.

Grâce aux progrès de la science, on profitera aussi d'un grand perfectionnement dans la forme des égouts, de nouveaux systèmes de réservoirs et de tuyaux ; et le changement introduit dans l'établissement des latrines est propre à fournir des améliorations qui diminueront sensiblement les causes de décès et de maladies. Ces améliorations importantes détermineront toutes les autres par l'exploitation complète et assurée des immondices.

La réalisation du projet que nous venons d'esquisser exigerait des développements qui pourraient sembler inopportuns dans ce mémoire. Tous les détails de ce projet reposent sur des documents authentiques et abondants ; et si, pendant la crise actuelle du commerce, il n'était difficile de trouver les fonds indispensables à son exécution, il serait possible d'en faire l'application sérieuse. Nous reconnaissons les progrès importants qui ont été faits en France sur les matières les plus intéressantes de l'hygiène publique, par exemple sur les établissements insalubres, sur les cimetières, sur les abattoirs ; et nous sommes heureux d'être auprès d'elle les interprètes des progrès plus récemment opérés en Angleterre, et dont les partisans établissent les résultats par des preuves rigoureuses : précaution d'autant plus nécessaire qu'autrement ces résultats sembleraient fabuleux et indignes de confiance (1).

(1) C'est cependant le cas où le merveilleux des faits dépasse les merveilles de la fable. Les flots de vase infecte qui empoisonnent les habitants des villes, emportent les plus riches sels qui fertilisent les campagnes. Ces sels nagent, comme le disait Duvergé. Sur 4 litres d'eau vaseuse prise dans les égouts d'une ville, on trouve 82 grains de ces sels en solution, 244 grains de matières solides en suspension, et 20 pouces cubes de gaz hydrogène sulfuré ; tandis que cette eau vaseuse, après avoir déposé des richesses dans les champs et perdu graduellement ses matières solides et son gaz délétère, conserve toujours 72 grains de sels en solution. La vase d'une rivière qui traverse Manchester donnerait par an en potasse, soude, chaux, magnésie, acide phosphorique, silice, alumine, oxyde de fer, acide sulfurique, chlore, et autres matières organiques et salines, la masse énorme de 1,182,000 hectolitres, dont la 12ᵉ partie fournirait une grande portion de l'alimentation de 300,000 hectares ensemencés de diverses façons. De l'utilisation de cette vase il résulte que des terres sablonneuses, qui ne produisaient pas 10 francs par hectare, rapportent maintenant 600 francs dans la même contenance.

FIN.

TOURS , IMPR. MAME.

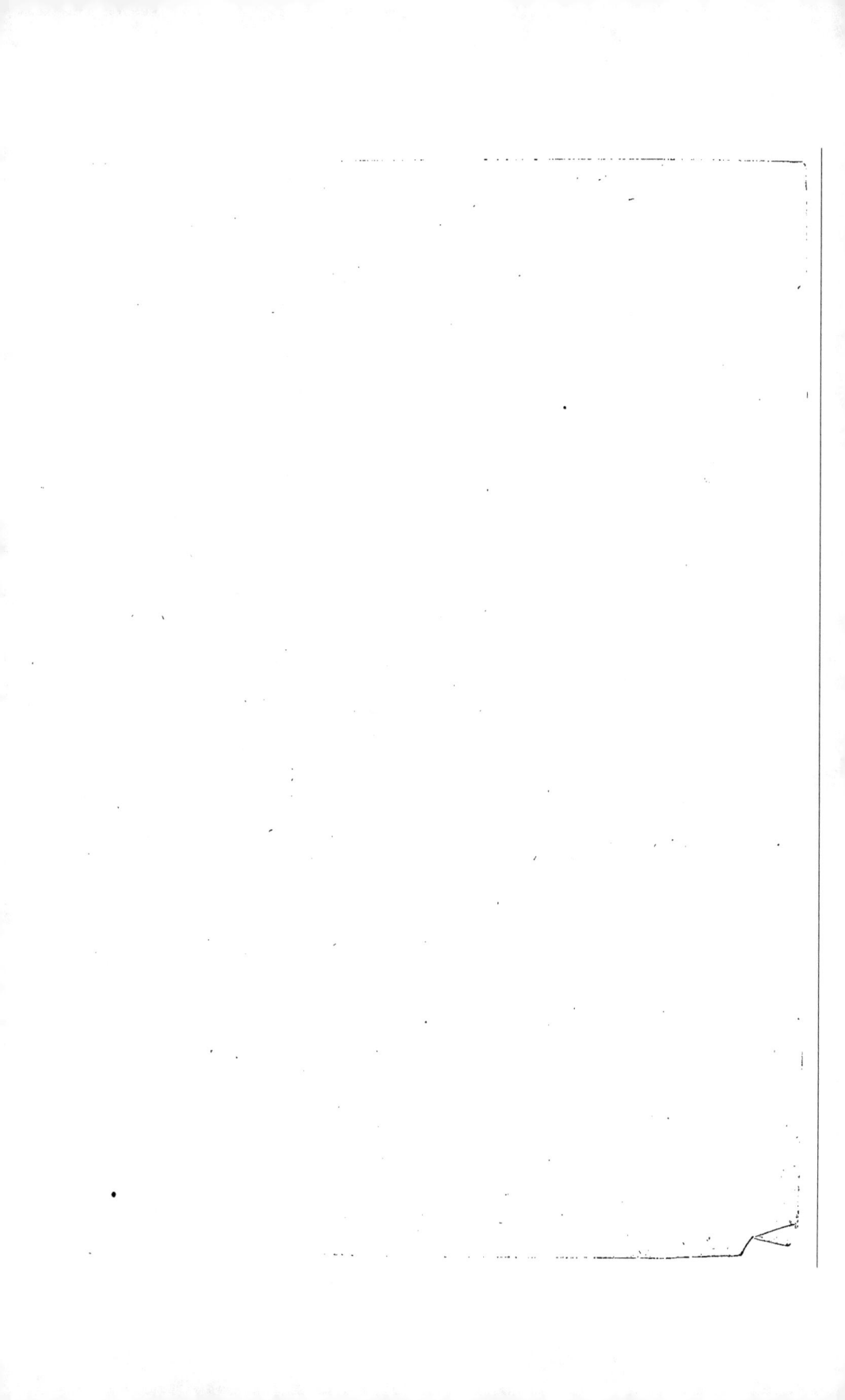

www.ingramcontent.com/pod-product-compliance
Lightning Source LLC
Chambersburg PA
CBHW070746280326
41934CB00011B/2820